Meditación

Aprenda Cómo Meditar Para Dormir Mejor
Usando La Guía
(El Secreto De La Feliz Y Exitosa Vida Zen)

Melin Paz

Publicado Por Daniel Heath

© Melin Paz

Todos los derechos reservados

*Meditación : Aprenda Cómo Meditar Para Dormir Mejor
Usando La Guía (El Secreto De La Feliz Y Exitosa Vida Zen)*

ISBN

Este documento está orientado a proporcionar información exacta y confiable con respecto al tema y asunto que trata. La publicación se vende con la idea de que el editor no esté obligado a prestar contabilidad, permitida oficialmente, u otros servicios cualificados. Si se necesita asesoramiento, legal o profesional, debería solicitar a una persona con experiencia en la profesión.

Desde una Declaración de Principios aceptada y aprobada tanto por un comité de la American Bar Association (el Colegio de Abogados de Estados Unidos) como por un comité de editores y asociaciones.

No se permite la reproducción, duplicado o transmisión de cualquier parte de este documento en cualquier medio electrónico o formato impreso. Se prohíbe de forma estricta la grabación de esta publicación así como tampoco se permite cualquier almacenamiento de este documento sin permiso escrito del editor. Todos los derechos reservados.

Se establece que la información que contiene este documento es veraz y coherente, ya que cualquier responsabilidad, en términos de falta de atención o de otro tipo, por el uso o abuso de cualquier política, proceso o dirección contenida en este documento será responsabilidad exclusiva y absoluta del lector receptor. Bajo ninguna circunstancia se hará responsable o culpable de forma legal al editor por cualquier reparación, daños o pérdida monetaria debido a la información aquí contenida, ya sea de forma directa o indirectamente.

Los respectivos autores son propietarios de todos los derechos de autor que no están en posesión del editor.

La información aquí contenida se ofrece únicamente con fines informativos y, como tal, es universal. La presentación de la información se realiza sin contrato ni ningún tipo de garantía.

Las marcas registradas utilizadas son sin ningún tipo de consentimiento y la publicación de la marca registrada es sin el permiso o respaldo del propietario de esta. Todas las marcas registradas y demás marcas incluidas en este libro son solo para fines de aclaración y son propiedad de los mismos propietarios, no están afiliadas a este documento.

TABLA DE CONTENIDO

Parte 1 1

Introducción 2

El Vínculo Entre El Estrés, La Ansiedad, La Meditación Y El Cerebro 3

Cómo El Estrés Y La Ansiedad Afectan El Cerebro 5

Que Le Hace La Meditación Al Cerebro 7

Lo Básico De Una Meditación Efectiva 8

Meditación De Atención Plena 11

Ducha Consciente *15*
Comida Consciente *16*
Haz Paseos Conscientes *16*

Meditación Metta 18

Técnicas De Relajación 20

Relajación Autógena *20*
Relajación Progresiva De Los Músculos *21*
Imágenes Mentales *21*

Conclusión 23

Parte 2 24

Capítulo Uno: 25

Introducción A La Meditación 25

Capítulo Dos: 29

Meditación Chakra 29

MEDITACIÓN CHAKRA PARA DIFERENTES CHAKRAS 30
Chakra Raíz: *30*
Chakra Sacro: *32*

Chakra Del Plexo Solar: 33
Chakra Del Corazón: 34
Chakra De La Garganta: 35
Chakra Del Tercer Ojo: 36
Chakra Corona: 37

Capítulo Tres: 39

Elegir Energías Y En Tu Lugar Tranquilo 39

Capítulo Cuatro: 42

Sanación Y Equilibrio 42

Ambiente Tranquilo 42
Posición De Meditación 43
Un Temporizador Ayuda 43
Cerrar Tus Ojos 44
Enfocarte En Tu Respiración 44
No Juzgar 45

Capítulo Cinco: 46

El Poder De La Meditación Y La Lluvia De Ideas 46

Capítulo Seis: 49

Meditación Del Dolor Crónico Y Restauración 49

Notar El Dolor 50
Estar Presente 50
Ganar Interés 51
Repetirlo Regularmente 51

Capítulo Siete: 52

Voluntad De Practicar Y Aplicar Las Enseñanzas 52

Motivación Diaria 53
Lista De Beneficios 53
No Poner Ninguna Excusa 54
Es Un Estilo De Vida 54
Meditar Diariamente 55

INCLUIRLO EN TU AGENDA 55
DISMINUIR TUS EXPECTATIVAS 55
Conclusión 57

Parte 1

Introducción

Quiero agradecerte y felicitarte por descargar el libro.

Te impactará saber cuanta gente sufre de estrés crónico y ansiedad: alrededor de 40 millones de adultos. Sin embargo, es casi entendible considerando el actual mundo acelerado y las diferentes cosas que pueden presentarse en tu vida, tales como problemas de salud, en tus relaciones, problemas financieros, crisis económicas entre otras cosas. La buena noticia es que mientras que no puedes evitar que algunas de estas cosas sucedan, sí puedes tomar ciertas medidas para asegurarte de que tienes una gran salud mental y ahí es donde entra la meditación.

La meditación es una técnica muy efectiva que puedes usar para manejar el estrés, la ansiedad y sentirte genial. Gracias a la meditación puedes experimentar una energía mejorada, un enfoque aumentado, mejorar la comunicación con la gente, una visión intuitiva y sabiduría, una memoria más aguda, una espiritualidad aumentada, menos preocupaciones y la habilidad de procesar información más rápido.

En esta guía corta, te ayudaré a entender lo básico sobre la meditación, las diferentes técnicas de meditación que puedes adoptar para superar el estrés y la ansiedad, y las medidas a realizar para asegurarte de que obtengas lo mejor de ellas.

De nuevo, gracias por descargar este libro. ¡Espero que lo disfrutes!

El vínculo entre el estrés, la ansiedad, la meditación y el cerebro

Tanto el estrés como la ansiedad producen la respuesta de lucha o huida. Pero, ¿cómo están relacionados el estrés y la ansiedad? En pocas palabras, el estrés es un estado de aprensión y miedo que siempre te pone en alerta y hace que te prepares para impedir amenazas. Esta sensación es habitualmente llamada como respuesta de lucha o huida, que está diseñada por naturaleza para ponerte en un estado aumentado de conciencia y te prepara para posibles amenazas. Sin embargo, cuando permaneces en este estado por mucho tiempo, puede resultar en una cantidad de problemas psicológicos y físicos.

A simple vista, es fácil confundirse el estrés con ansiedad y la ansiedad con estrés debido a los efectos negativos similares que provocan con posterioridad. No obstante, mientras que la ansiedad surge principalmente debido a altos niveles de estrés, el estrés puede manifestarse de varias maneras y por varios factores.

El estrés puede hacerte sentir preocupado, triste, ansioso o enojado, mientras que la ansiedad solo se manifiesta en forma de miedo, aprensión y pavor. Una cantidad de factores externos como los problemas maritales, crisis financiera o angustia emocional pueden causar estrés mientras que la ansiedad solamente es una respuesta interna al estrés o a algunos desórdenes neurológicos.

Entonces, ¿cómo el estrés y la ansiedad afectan el cerebro?

Cómo el estrés y la ansiedad afectan el cerebro

Según varios estudios neurológicos, el estrés crónico y la ansiedad pueden llevar a un cambio a largo plazo en la estructura y funciones del cerebro. La materia gris en tu cerebro es conocida por estar bastante repleta de varios cuerpos celulares nerviosos y es principalmente responsable de las funciones altas de tu cerebro, como calcular, pensar y tomar decisiones.

Se sabe que las condiciones de estrés agudo y ansiedad reducen la cantidad de materia gris en tu cerebro, lo que lleva a la reducción de las funciones cerebrales vista en individuos con altísimo estrés. Hasta el hipocampo, la parte del cerebro responsable de regular importantes funciones cerebrales como las emociones y la memoria, se observó encogido en tamaño bajo condiciones de estrés agudo.

Otra parte sensitiva del cerebro que afectan el estrés y la ansiedad es la amígdala. La amígdala es esa parte primitiva de tu cerebro ubicada en lo más interno del lóbulo temporal. La amígdala está comprendida de varias subregiones responsables de importantes funciones cerebrales como aprender, percibir, regular emociones, etc. De acuerdo con estudios, las personas bajo condiciones de mucho estrés tienen una amígdala más grande y conexión adicional entre las sinapsis, y este aumentodel tamaño de la amígdala y la conectividad es una gran causa de ansiedad.

Entonces, en palabras simples, cuando el estrés y la ansiedad no están gestionados adecuadamente, pueden llevar a una distorsión de importantes funciones cognitivas, patrones de pensamiento irregular, concentración reducida y un montón de otros problemas psicológicos al alterar el tamaño y la conectividad de las áreas del cerebro responsables de estas funciones cerebrales.

Que le hace la meditación al cerebro

Múltiples estudios en practicantes de meditación muestran que la materia gris encontrada en el hipocampo y las regiones frontales del cerebro aumentan en personas que meditan diariamente. Estas partes del cerebro son responsables del control de respuestas y regulaciones emocionales. Así pues, esto explica por qué adoptar la meditación como forma de combatir el estrés y la ansiedad te ayuda a preocuparte menos, a convertirte en un pensador más racional y a tener mejor balance mental y emocional.

Además, estudios en personas que abrazan la meditación diaria también muestran una reducción de las conexiones neurales en la amígdala así como en su tamaño. Esto resulta en la reducción de las corazonadas luego de situaciones alarmantes, generando así menos problemas de ansiedad.

Habiendo visto cómo el estrés y la ansiedad afectan tu cerebro y por qué la meditación es una técnica efectiva para tratar el estrés y la ansiedad, aprendamos algunas medidas que necesitas tomar para meditar con efectividad.

Lo básico de una meditación efectiva

Sigue los siguientes pasos mientras te inicias en la meditación:

1. Elige un ambiente tranquilo y cómodo.

Necesitas alejarte de tantas distracciones como sea posible para hacer más efectiva tu meditación. Un ambiente calmado realzará tu concentración, lo que te ayudará fácilmente a hundirte más en profundidad en un estado de meditación.

Elige cualquier ubicación en la que sea menos probable experimentar interrupciones auditivas y visuales; esto puede ser en tu hogar, en tu oficina, etc.

2. Elige un momento adecuado.

Siempre es aconsejable tener un momento específico para meditar para que puedas desarrollar el hábito de meditar diariamente. Elige un momento en el que no serás interrumpido por algunos minutos y cuando no haya ninguna distracción. La mayoría de la gente prefiere meditar por la mañana, que es más silencioso y menos ocupado. También marca el tono correcto para el resto del día. Sin embargo, si la mañana no es adecuada para ti, entonces elige cualquier momento que sea.

3. Vístete adecuadamente.

Sé que esto suena raro, pero tu vestimenta puede afectar positiva o negativamente tus sesiones de meditación. Siempre es aconsejable vestir ropa suelta. Tampoco deberías estar muy acalorado como para querer dormir ni sentir mucho frío como para incomodarte.

4. No estés muy lleno.

Después de haber comido, tu cuerpo en general está digiriendo y meditar justo después de haber comido puede no ser el mejor momento. Una hora o dos después de la comida es genial. Tampoco deberías tener mucha hambre, ya que no te concentrarías. La mejor opción en tales casos es tener un refrigerio liviano y luego meditar.

5. Elige una postura conveniente.

Lograr la postura correcta es tan importante como meditar, porque no sentarse o pararse correctamente llevará a la incomodidad y no te concentrarás en meditar. Debajo puedes ver posturas adecuadas para meditar.

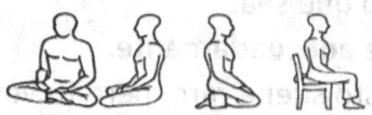

6. Aprende a concentrarte en tu respiración.

Como principiante necesitas aprender a sintonizar con las sensaciones de tu cuerpo. Tu mejor ancla en todo momento es tu respiración. Por lo tanto, necesitas dominar el arte de enfocarte en tu respiración y familiarizarte con todos los sentimientos y sensaciones que tu respiración evoca mientras meditas para reducir el estrés, vencer la ansiedad y sentirte estupendo.

7. Experimenta con diferentes técnicas

Hay muchísimas técnicas de meditación para combatir el estrés y la ansiedad. Es importante que sepas cual es la más adecuada para ti y te concentres en ella. Para saber cual funciona mejor para ti, puede que necesites probar diferentes métodos y técnicas. Cualquier técnica que te brinde el mejor alivio del estrés y la ansiedad debería convertirse en tu técnica de meditación diaria favorita.

El siguiente capítulo se enfocará en diferentes técnicas de meditación que puedes probar.

Meditación de atención plena

Sin dudas, esta es la técnica de meditación más fácil y popular que es bastante efectiva para ayudarte a deshacerte del estrés y la ansiedad. Esta técnica es en realidad simple. Debajo están los pasos a seguir para practicar la meditación de atención plena:

1. Creo que ya has elegido un lugar callado y calmado para la meditación y el momento para tu sesión de meditación.
2. Establece la duración de tu meditación y mídela con un temporizador. Un

cronómetro puede ayudar. Como principiante, puedes limitar tu duración a 5-10 minutos. Con el tiempo, puedes aumentar la duración hasta que puedas meditar por 45-60 minutos. Puedes meditar una o dos veces por día dependiendo de tu horario diario.

3. Siéntate cómodamente: Puedes experimentar con diferentes posturas de sentado para saber cual te hace sentir relajado. Puedes sentarte en una cama, almohadón, colchoneta de meditación, silla, colchón, etc. Donde sea que te sientes, siéntate derecho y evitarecostarte o echarte hacia atrás. Asegúrate que tus brazos están paralelos a la parte superior de tu cuerpo. Deja que tus manos descansen sobre tus piernas.

4. Baja un poco tu mentón y permite que tu mirada caiga hacia adelante. Puedes dejar que tus párpados bajen un poquito. Puedes cerrar los ojos para alejar las distracciones visuales, pero esto puede no ser necesario si puedes mantener tu ojos abiertos mientras

meditas sin enfocarte en las cosas que ves.
5. Pasa algunos momentos estando presente. Trata de relajarte. Pon toda tu atención en tu respiración y la sensación que deja en tu cuerpo.
6. Sigue tus respiraciones y siente cada una de ellas. El objetivo principal de esto es prestar atención al aire moviéndose por tu boca, nariz, la subida y bajada de tu pecho y estómago. Elige cualquiera de las áreas que afecta tu respiración como tu punto focal y la sensación que deja.
7. Aprende a no distraerte con los pensamientos que cruzan tu mente cuando meditas. Tu mente a veces deambulará mientras meditas, esto es normal. Lo importante aquí es aceptar los pensamientos sin reaccionar, distraerse, luchar o juzgar esos pensamientos. Solo siéntate, presta atención, acepta el pensamiento y vuelve a tus respiraciones.
8. Cuando el temporizador se apaga, levanta tu mirada, abre tus ojos si

estaban cerrados, tómate unos pocos segundos para internalizar tu entorno inmediato. Nota cualquier visión y sonido interesante a tu alrededor. Ten en cuenta como se siente tu cuerpo después de tu meditación de atención plena. Percibe tu línea de pensamientos y emociones. Haz una pausa por un momento y decide como quieres que sea el resto de tu día.

Eso es todo lo que hay en la meditación de atención plena. Cuanto más practiques la meditación de atención plena, más las partes de tu cerebro que han sido alteradas por el estrés y la ansiedad recuperarán su estructura normal, conectividad y funcionalidad para ayudarte a preocuparte menos, sentirte menos estresado y vivir feliz para siempre.

Mientras que practicar la meditación de atención plena en ciertos momentos del día es genial, puede no ser tan efectiva como incorporar la atención plena en las actividades diarias que haces. Veamos cómo puedes incorporar la atención plena en tu vida:

Ducha Consciente

Si alguna vez te has sentido perdido en el momento de cantar en la ducha, apreciarás el efecto mágico que esto puede tener en ti.

Mientras el agua corre por tu piel para limpiar la suciedad física, puedes imaginar que todo tu estrés y preocupaciones son limpiados. Siente el agua mientras acaricia tu piel. Imagina que el estrés y la ansiedad de tu mente se evaporan con el vapor de agua mientras los de tu cuerpo se lavan con la suciedad. Respira uniformemente y presta atención a la sensación del aire entrando y saliendo de tus fosas nasales.

Puedes mimarte un poco para aumentar el efecto de calma de este baño de atención plena usando tu aceite esencial favorito. Algunos aceites esenciales como la lavanda son conocidos por tener asombrosos efectos calmantes.

Cuando hayas terminado tu ducha, agradece y lleva esta misma atención plena y gratitud a otras actividades planeadas para tu día.

Comida Consciente

Eres lo que comes, pero, cuando se trata de tu salud y tu bienestar, va más allá de lo que comes. Como preparas lo que comes y como lo comes todo juega un papel enorme. Comer conscientemente aumenta tu bienestar porque conecta tus 5 sentidos. Esto es lo que puedes hacer para convertir tus comidas en sesiones de meditación:

Antes de comer, toma algunos momentos para agradecer porque tienes comida y puedes comer.

Usa unos momentos para mirar y disfrutar el aroma de tu comida antes de comer y apreciar su valor nutricional.

Dale un mordisco, baja el tenedor o la cuchada y mastica el mayor tiempo posible para sentir los sabores fluyendo por las diferentes papilas gustativas antes de tragar. Puedes contar mentalmente el número de veces que masticas.

Haz paseos conscientes

Según resultados de investigaciones, dar

un paseo consciente puede ser una gran manera de aliviar el estrés y la ansiedad. Los paseos conscientes son ideales para las personas que se sienten estresadas para dedicarse a otros ejercicios físicos. Lo que hace de esta una opción genial es que puedes tomarte un descanso de lo que sea que haces para dedicarte por unos pocos minutos tan seguido como sea posible durante el día. Un paseo te mantiene físicamente en forma por si solo, pero cuando le agregas atención plena logras disfrutar más beneficios como una mente calmada y valor, concentración más profunda y enfoque, y un sentido del bienestar aumentado. Esto es lo que puedes hacer:

Decide donde deseas aventurarte en tu paseo consciente diario y por cuanto tiempo. Un ambiente natural como un jardín o un sendero en el bosque es ideal.

Puedes escuchar tu canción favorita en tus auriculares mientras lo haces.

Empieza por concentrarte en tu respiración como lo haces en todas las otras técnicas de meditación.

Toma nota del entorno por el que paseas. Percibe las flores si caminas por un jardín, campo o sendero en el bosque. Asimila los aromas. Aprecia la variedad de colores hermosos de las flores. Si puedes, toca algunas y nota como se sienten.

Disfruta el momento y suelta todas las preocupaciones del hogar y el trabajo. Vive en el momento y siente la calma y la paz instalándose en tu corazón.

Cuando termines, se agradecido por la belleza del entorno natural que te rodea. Agradece el aire libre que respiras y la oportunidad de caminar libremente.

Meditación Metta

Metta simplemente significa compasión o bondad. La meditación Metta, también conocida como meditación de amorosa bondad, es una técnica de meditación contemporánea que busca ayudarte a volverte más amable contigo mismo. A veces te estresas solo porque eres muy duro contigo mismo y con lo que necesitas hacer. No obstante, si empiezas a ser más amable y considerado contigo mismo, puedes controlar tus niveles de estrés. Otros beneficios de este tipo de meditación incluyen el desarrollo de emociones positivas, tener una actitud más amorosa, tener más autoaceptación, entre otras.

Para practicar esta técnica de meditación:

1. Dirígete hacia ese lugar cómodo que has apartado para la meditación.
2. Siéntate cómodamente y cierra los ojos.
3. Comienza por desarrollar compasión y bondad contigo mismo. Deséate felicidad y todas las cosas buenas.
4. Ahora pasa a otras personas como un amigo, alguien a quien consideres "neutral", luego a una persona difícil y finalmente al universo.

Además de la meditación, la relajación es genial para vencer el estrés y la ansiedad. Aprenderemos más sobre esto en el siguiente capítulo.

Técnicas de relajación

Las técnicas de relajación te ayudan a reenfocar tu atención de tus factores estresantes y problemas que te ponen ansioso hacia algo calmado al aumentar tu nivel de concentración y conciencia. Esta es una forma realzada de meditación consciente. Estas son algunas técnicas de relajación que puedes practicar para ayudarte a relajarte:

Relajación Autógena

Por autógena nos referimos a algo que viene justo desde tu interior. En la relajación autógena, usas una combinación de conciencia corporal e imágenes visuales para combatir el estrés y la ansiedad de forma efectiva. Estos son los pasos a seguir:

Repite sugerencias o palabras en tu mente para ayudarte a relajarte y reducir la tensión que sientes en tus músculos.

Imagina un escenario pacífico y enfócate en controlar tu respiración, y disminuir tu ritmo cardíaco.

Percibe las diferentes sensaciones físicas en tus músculos y finaliza visualizando cada pierna y brazo uno después del otro.

Relajación progresiva de los músculos

Para practicar la relajación progresiva de los músculos, enfócate en tensar y relajar cada grupo de músculos de tu cuerpo. Estos son los pasos a seguir:

Comienza por tensar y relajar los músculos en los dedos de tus pies, luego asciende progresivamente a tus pies, después piernas, rodillas, brazos, pecho, cuello y cabeza. También puedes optar por comenzar desde arriba y empezar con tu cuello y cabeza, luego descender hasta los dedos de tus pies.

Mantiene tus músculos tensos por 5 segundos, y luego relájalos por otros 30 segundos. Puedes repetir esto varias veces solo para liberar cualquier tensión que pueda haber en tu cuerpo.

Imágenes mentales

Con las imágenes mentales o la visualización, forma hermosas y serenas imágenes mentales de situaciones y lugares pacíficos y calmados. Estos son los pasos a seguir:

Siéntate en un lugar sereno, cierra los ojos, aflójate la ropa si está muy ajustada y enfócate en tu respiración.

Incorpora la mayor cantidad de sentidos posibles; vista, olfato, tacto y sonido.

Si te imaginas relajándote en un lugar como un océano, piensa en el sonido de las olas emergiendo y golpeando, el olor y el sabor del agua salada, y la cálida sensación del sol en tu piel desnuda.

Deberías sentirte calmado y pacífico después de hacer estas técnicas de relajación.

Conclusión

Hemos llegado al final del libro. Gracias por leerlo y felicitaciones por leerlo hasta el final.

Prueba las variadas técnicas de relajación y meditación que has aprendido en este libro y elige la que te parezca mejor. Asegúrate de practicar la técnica diariamente por unos pocos minutos para acostumbrarte y disfrutar los asombrosos beneficios que la meditación tiene para ofrecer.

¡Gracias y buena suerte!

Parte 2

Capítulo Uno:

Introducción a la Meditación

En el mundo moderno, meditación es una palabra que encontró su camino en el lenguaje cotidiano. Sin embargo, muy a menudo, no es usada con exactitud. Por eso hay mucha confusión sobre de qué se trata todo. Es usada comúnmente como sinónimo de pensar, contemplación o incluso fantasear. El concepto de meditación no es nuevo y ha estado por un largo tiempo. La meditación es una técnica de relajación que ayuda a calmar y descansar tu mente mientras te permite alcanzar un estado de conciencia que es distinto de tu estado regular de consciencia. Te ayuda a entenderte a ti mismo y te conecta con el centro de tu consciencia. La meditación no es una práctica religiosa y tiene principios específicos que producen resultados comprobables. Durante la meditación, tu mente se aclarará, calmará y enfocará en ti mismo. Aunque estás despierto y alerta durante la meditación, tu cerebro no se concentra en los acontecimientos a tu alrededor. La meditación calma tu mente y pensamientos.

Desde nuestra niñez, nuestras mentes están condicionadas a examinar el mundo exterior. Bueno, existe un mundo interno dentro tuyo y a nadie le han enseñado a mirar dentro. Por lo tanto, la mayoría de nosotros no conocemos nuestro verdadero ser. Toda la confusión y desilusión que experimentamos se origina en la falta de entendimiento de nuestra verdadera naturaleza. El sistema de educación formal solo cultiva una pequeña porción de la mente; la mente consciente. La mente humana tiene una sección consciente y una subconsciente. Lasubconsciente consiste en la vasta mayoría de la mente y es esa porción del cerebro que almacena las experiencias, sueños y hasta el sueño. No está sujeto al control humano, a diferencia de la mente consciente. La meditación es el único método que puede ayudarte a ganar control sobre la totalidad de tu mente. El objetivo de la meditación es experimentar paz, felicidad y dicha. No obstante, para hacerlo, necesitas cruzar el obstáculo primario, y eso es la mente. La mente es bastante indisciplinada y le puede ser difícil resistir todas las distracciones. Casi pareciera que la mente tiene su propia voluntad. Bueno, no es así como se supone que sean las cosas. Deberías controlar tus pensamientos y no debería ser al revés. La meditación te ayuda a calmar tu mente, soltar prejuicios innecesarios y ver las cosas por lo que son. Entrena tu mente para superar distracciones.

La meditación te ayuda a calmar tu mente, mejora tu concentración, provee mejor claridad, mejora la comunicación, relaja y refresca tu cuerpo y mente. Tu cuerpo experimenta cambios fisiológicos debido a la meditación. Ayuda a bajar los niveles de azúcar en sangre y presión arterial. Cuando tu presión arterial está bajo control, tus niveles de ansiedad y estrés también estarán bajo control. Todos los dolores y dolencias provocados por el estrés se reducirán. Puedes superar problemas como el insomnio, jaquecas y úlceras. Fortalece tu sistema inmune y te hace más enérgico.

La meditación también tiene varios beneficios mentales. La meditación disminuye la ansiedad y eleva tu estado de ánimo. Te hace mental y emocionalmente estable. La meditación ayuda a desarrollar tu intuición y agudiza tu enfoque. Te ayuda a lograr claridad y tranquilidad mental. La meditación te hace consciente de ti mismo. Entonces, la próxima vez que te sientas abrumado, ansioso o emocionalmente inestable, medita por unos pocos minutos y te sentirás mejor. Cuando estás más calmado, tu habilidad de tomar decisiones asimismo mejora.

Aparte de los beneficios físicos y mentales, la meditación también tiene beneficios espirituales. Te permite convertirte en uno con el cosmos. Además, te ayuda a lograr un estado de armonía contigo mismo y tu entorno. Al margen de todo esto, te permite ver tu persona real. La meditación ayuda en el autodescubrimiento.

Capítulo Dos:

Meditación Chakra

Ahora que sabes de que se trata todo sobre la meditación, el próximo tema que aprenderás es la meditación chakra. La meditación chakra te permite fortalecer y sanar tus chakras. El concepto de meditación chakra es tan viejo como la meditación en si misma. Los centros de energía en nuestro cuerpo son representados por los chakras.

Hay siete chakras presentes en el cuerpo y cada chakra se corresponde con uno de los órganos principales, y estos son los siguientes.

•Chakra Corona: Está relacionado con la espiritualidad y los colores de este chakra son blanco y púrpura.

•Chakra del Tercer Ojo: Se relaciona con la percepción y la habilidad física. Violeta es el color que representa a este chakra.

- Chakra de la Garganta: Gobierna tu habilidad de comunicarte y azul es el color que representa a este chakra.
- Chakra del Corazón: Se relaciona con el amor hacia otros y uno mismo. Verde es el color que representa a este chakra.
- Chakra del Plexo Solar: Gobierna los aspectos de la confianza en uno mismo y el autovalor. Amarillo es el color que representa a este chakra.
- Chakra Sacro: Es el responsable por la creatividad y la fertilidad (en las mujeres). Naranja es el color que representa a este chakra.
- Chakra Raíz: Es el responsable de formar la conexión con el ámbito físico y la sexualidad. También representa la fertilidad en los hombres. Rojo es el color que representa a este chakra.

Meditación Chakra para diferentes chakras

Chakra Raíz:

Primero tendrás que trabajar en abrir tu chakra raíz antes de que puedas proceder hacia la meditación sobre este chakra. Puedes abrir este chakra siendo físicamente activo; puedes salir a correr, nadar o practicar cualquier forma de actividad física que te guste. Dar, al igual que recibir, un masaje puede ayudar a desbloquear este chakra. Este chakra está asociado con el rojo, así que sostener o usar algo que sea rojo también será útil. Las gemas rojas también pueden ayudar al asistir en la apertura de este chakra como ya has leído en los capítulos previos. Este chakra se trata sobre todo de reconectarte con tu cuerpo, por lo que el aspecto físico es crítico aquí.

Concéntrate en tu chakra raíz y enfoca toda tu energía hacia este chakra. Visualiza este chakra como una bola de luz roja que gira en sentido horario, y cuando estés enfocado en este chakra, necesitarás visualizar que estás inhalando en rojo y exhalando rojo. Sigue repitiendo este proceso por unos dos o tres minutos. Mientras imaginas esta bola roja girando piensa también en esta energía fluyendo por tus piernas y hacia la tierra; de esta manera estarás conectado a tierra.

Chakra Sacro:

Puedes abrir este chakra vistiendo o comiendo cualquier cosa que sea de color naranja. Exponerte al color con el que este chakra está asociado también es una buena idea y hacer esto te recordará a este chakra y te ayudará a visualizar la energía naranja que usarás durante la meditación. Para abrir este chakra, puedes ver películas que son emotivas o emocionantes. También usar cualquier piedra o cristal que sea en color naranja ayudará a abrir este chakra.

Concéntrate en tu chakra sacro y enfoca toda tu energía hacia este chakra. Visualiza este chakra como una bola de luz naranja que gira en sentido horario, y cuando estés enfocado en este chakra, necesitarás visualizar que estás inhalando en naranja y exhalando naranja. Sigue repitiendo este proceso por unos dos o tres minutos. Serás capás de sentir la energía viajando de tu chakra raíz hacia tu chakra sacro y luego al resto de tu cuerpo. Cuando sientas una sensación de hormigueo en todo momento será cuando tendrás que pasar al siguiente chakra.

Chakra del Plexo Solar:

Para abrir este chakra puedes usar algo amarillo o comer frutas o vegetales que son amarillos también ayudará a abrir este chakra. Tomar riesgos calculados ayudará en la apertura de este chakra e involucrarte en actividades que te esfuerzan físicamente también es una buena forma de abrir este chakra. Como mencionamos antes, las gemas y cristales asimismo pueden usarse para abrir este chakra.

Para meditar en este chakra, necesitarás recuperar la energía que obtuviste de tu chakra raíz y tu chakra sacro mientras la enfocas en la región del abdomen inferior, el lugar donde está presente el chakra del plexo solar. Concéntrate en tu chakra del plexo solar y enfoca toda tu energía hacia este chakra. Visualiza este chakra como una bola de luz amarilla que gira en sentido horario, y cuando estés enfocado en este chakra, necesitarás visualizar que estás inhalando en amarillo y exhalando el amarillo. Sigue repitiendo este proceso por unos dos o tres minutos.

Chakra del Corazón:
Simplemente acercarte a otros puede ayudar, como un simple abrazo. Funciona porque este chakra es sobre la compasión y las emociones hacia otros y tú mismo. Usar ropas que son de color verde, llevar gemas y cristales que son de color verde y también consumir comida que es de color verde ayudará a abrir este chakra.

Para meditar en el chakra del corazón, necesitarás recurrir a la energía que ha sido generada por los chakras previos y sentir esta energía recorriendo tu cuerpo desde tu chakra raíz, sacro y del plexo solar antes de que alcance tu chakra del corazón. Concéntrate en tu chakra del corazón y enfoca toda tu energía hacia este chakra. Visualiza este chakra como una bola de luz verde que gira en sentido horario, y cuando estés enfocado en este chakra, necesitarás visualizar que estás inhalando en verde y exhalando verde. Sigue repitiendo este proceso por unos dos o tres minutos. Cuando haces esto, deberías llenar tu mente con pensamientos de compasión hacia ti mismo y otros. Cuando sientas una explosión de energía en tu corazón o cuando pienses que tu chakra del corazón está abierto, será cuando puedas pasar al próximo chakra.

Chakra de la Garganta:
Para abrir este chakra, ¡solo debes cantar fuerte! Tan simple como eso, canta a viva voz, sin que importe si eres buen cantante o no. Si luchas con la comunicación, entonces trabaja en esto. Una conexión es la clave de este chakra. Además, para abrir y desbloquear este chakra, siempre puedes usar gemas y cristales coloreados de azul.

Concéntrate en tu chakra de la garganta y enfoca toda tu energía hacia este chakra. Visualiza este chakra como una bola de luz azul brillante que gira en sentido horario, y cuando estés enfocado en este chakra, necesitarás visualizar que estás inhalando en azul y exhalando azul. Continúa repitiendo este proceso por unos dos o tres minutos. Siente la energía emitida desde el chakra de la garganta que debe fluir hacia tus brazos, manos y tus pies. Necesitarás despedir toda la negatividad y los bloqueos que puedas sentir en tu chakra e inspirar positividad. Retiene todos los pensamientos amables y deshazte de todos los pensamientos negativos. Obtienes los que pides, y esta es la manifestación literal asociada con este chakra. Así pues, piensa solo en cosas positivas mientras meditas en este chakra. Una vez que sientas que este chakra está abierto, puedes pasar hacia el siguiente chakra.

Chakra del Tercer Ojo:
Puedes abrir este chakra entregándote al arte visual como la pintura o el dibujo. Vestir o usar cualquier cosa que está relacionada con este color también ayudará a abrir este chakra. Las gemas coloreadas de índigo pueden ser asimismo

útiles.

Concéntrate en tu chakra del tercer ojo y enfoca toda tu energía hacia este chakra. Visualiza este chakra como una bola de luz índigo brillante que gira en sentido horario, y cuando estés enfocado en este chakra, necesitarás visualizar que estás inhalando en índigo y exhalando índigo. Continúa repitiendo este proceso por unos dos o tres minutos. Una vez que sientas una sensación de hormigueo o calor en el medio de tu frente, puedes pasar hacia el siguiente chakra.

Chakra Corona:

Para abrir el chakra corona, necesitarás establecer una conexión física, emocional y espiritual entre tu cuerpo, mente y alma. Aléjate de todas las distracciones y concéntrate en esto. Utiliza el yoga o la meditación para establecer esta relación. Usa gemas que te ayudarán a abrir este chakra.

Concéntrate en tu chakra corona y enfoca toda tu energía hacia este chakra. Visualiza este chakra como una bola de luz violeta que gira en sentido horario, y cuando estés enfocado en este chakra, necesitarás visualizar que estás inhalando en violeta y exhalando violeta. Continúa repitiendo este proceso por unos dos o tres minutos. Mientras concibes esta bola giratoria de violeta también imagina un loto que florece, hazlo tan magnífico y significativo como puedas.

Finalmente, serás capaz de ver la luz blanca que se derrama del cosmos a través de tu chakra corona y luego filtrándose a tus otros chakras y al final hacia la tierra. Necesitarás visualizarte como un ser blanco, brillando desde el interior. Conserva este pensamiento por 2 o 3 minutos. Por ahora, ¡deberías sentirte eufórico!

Capítulo Tres:

Elegir Energías y En Tu Lugar Tranquilo

Todos tenemos energía dentro nuestro, y hay energía todo alrededor nuestro. En esta sección, aprenderás sobre la meditación energética. Necesitas un poquito de imaginación para esta técnica. El primer paso es seleccionar un espacio cómodo que esté libre de cualquier interrupción. Cierra tus ojos y calma tu mente. Puedes aliviar tu mente respirando profundamente. Inhala profundamente y exhala profundamente.

Sigue las tres simples reglas de la meditación. La primera regla es ser agradecido por todo lo que tienes. La segunda regla es entender y aceptar que eres un ser humano normal. La tercera regla es ser amable hacia todos a tu alrededor. Tómate un par de minutos y expresa tu gratitud.

Ahora imagina que todo a tu alrededor es energía, y todo se transforma en energía. Haz tu imaginación tan vívida como sea posible. Imagina que todo en el universo, incluyéndote, se convierte en un campo de energía. Visualiza que hay un mar de energía todo a tu alrededor. Solo una masiva bola de energía y nada más.

Ahora, visualiza que tu cuerpo se desintegra en pequeñas partículas de energía. No hay ningún órgano o partes, y solo es pura energía que irradia por todo tu cuerpo. Bueno, este concepto no está muy lejos de la realidad. Cuando observas el mundo a través de un microscopio, te darás cuenta que todo lo que importa es nada más que una forma de energía.

Una vez que entiendes esto, puedes sumergirte en la piscina de energía que visualizaste. El océano de poder es nada más que consciencia en su forma inmaculada. Integra la energía de tu ser en el cosmos. Piensa en ti mismo como una bola de energía que se fusionará con una bola de energía más significativa.

Déjate sumergir por completo en este estado durante unos 20 minutos y luego visualiza que todo vuelve a su forma original. Siéntate en silencio por un momento y deja que tu mente permanezca en blanco. Después de un rato, abre tus ojos y termina la meditación. Este proceso simple te refrescará y te hará sentirte más enérgico. Puedes usar el mismo método para limpiar tu aura. El aura es el campo de energía que tu cuerpo irradia.

Capítulo Cuatro:

Sanación y Equilibrio

Tu cuerpo puede sanar y repararse por si mismo, siempre y cuando sepas que hacer. Tu cuerpo puede restaurar proteínas dañadas, destruir células cancerosas, defenderse de infecciones y mantener la homeostasis. Cuando caigas enfermo, los mecanismos de autocuración empiezan por si mismos. Sin embargo, el estrés y otros factores externos afectan esta habilidad de tu cuerpo. ¿Sabías que la meditación puede ayudarte a volver a encender esta máquina? Sigue los pasos simples mencionados en este capítulo para sanar y equilibrar tu cuerpo.

Ambiente tranquilo

Si todavía no has probado la meditación, entonces tu primer paso es crear un ambiente tranquilo. Selecciona una habitación que sea tranquila y libre de todas las distracciones. No debería haber luces ásperas ni música fuerte, y la temperatura debería asimismo ser confortable. Apaga todos los aparatos electrónicos como la televisión. La habitación lo mismo debe estar libre de desorden. Mientras meditas, apaga tu celular o ponlo en silencio.

Posición de Meditación

Puedes sentarte en el suelo y cerrar tus ojos. Siéntate con las piernas cruzadas en el suelo pues te ayuda a conectarte con la tierra y te hace sentir conectado a tierra. Puedes apoyar algunas almohadas a tu alrededor para ponerte cómodo. Mientras tu espalda esté derecha, y no te sientas demasiado rígido, ayudará. Alternativamente, incluso puedes sentarte en una silla y plantar tus pies con firmeza en el suelo.

Un temporizador ayuda

No puedes meditar por una hora inicialmente. Empieza con cinco a diez minutos por día, y puedes lentamente aumentar el tiempo límite. Poner un temporizador evitará que chequees la hora de forma repetida. Es una forma de minimizar las distracciones y mejorar tu concentración.

Cerrar tus ojos

Para reducir las distracciones visuales, cierra tus ojos. Te ayudará a juntar tus pensamientos y mantenerte calmado. Si puedes ver movimiento a tu alrededor, estarás atado a sentirte distraído.

Enfocarte en tu respiración

La mejor forma de juntar tus pensamientos es concentrándote en tu respiración. Inhala con lentitud y exhala lentamente. Abstente de pensar en nada más que en tu respiración. No planifiques, no fantasees, ni recolectes nada más. No dejes que tu mente deambule. Si acaso sientes que tus pensamientos deambulan, empieza a enfocarte en tu respiración una vez más. Cuando calmas tu mente, tu cuerpo puede comenzar a sanarse a si mismo. Si estás bajo constante estrés, tu cuerpo no puede concentrarse en nada más que en la presión que sientes. Puedes contar las respiraciones que haces o inclusive enfocarte en una sola palabra como "paz".

No juzgar

No te entregues a ninguna forma de autocrítica. Olvídate de todos los asuntos del día y concéntrate en el momento presente. Deja que tu cuerpo y mente se relajen. Se compasivo hacia ti mismo y se agradecido por todas las cosas correctas en tu vida.

Capítulo Cinco:

El Poder de la Meditación y la Lluvia de Ideas

Puedes mejorar la forma en que experimentas tu día vía la meditación. Si meditas diariamente, encontrarás un cambio positivo en tus habilidades mentales. Cuando te sientes en paz y relajado, puedes pensar mejor y tomar mejores decisiones. Tus funciones mentales mejorarán, es decir tus capacidades cognitivas serán más fuertes. No tienes que meditar por muchos años para alcanzar los beneficios de la meditación. Incluso meditar diariamente por ocho semanas tendrá un impacto positivo en tu vida. Un cerebro humano es una máquina compleja. Sin embargo, no significa que esté libre de cualquier forma de influencia. La mente es como cualquier otro músculo en el cuerpo, y puede ser entrenada. Si te ejercitas con regularidad, puedes construir músculos o tonificar tu cuerpo. De la misma manera, la meditación regular puede ayudarte a mejorar la salud de tu cerebro.

La meditación mejora tu conciencia. La conciencia viene de la concentración. Cuando estás consciente, puedes notar cosas que usualmente no notas. Por ejemplo, si eres un pez, no estarás consciente del agua, ¿verdad? Si quieres entender el agua, entonces el pez necesita salir de su elemento "usual". Ese es exactamente el núcleo objetivo de la meditación. Se trata de salir de tu elemento usual para volverte consciente de tu realidad.

Cuando meditas, puedes controlar tus pensamientos en vez de que tus pensamientos te controlen a ti. Cuando puedes enfocarte en una cosa en lugar de en todas las millones de cosas que suceden a tu alrededor, puedes pensar con claridad. ¿Puedes tomar una buena decisión cuando te sientes bastante emotivo o inquieto? Por ejemplo, si peleas con tu esposa, ¿puedes concentrarte en el trabajo que estás haciendo? Tal vez no. Tu mente tratará de discernir la razón de la pelea a un nivel subconsciente. El truco para mejorar la toma de decisiones es estar en el momento presente. Si piensas en el pasado o te preocupas por el futuro, posiblemente no podrás tomar una decisión correcta sobre tu presente.

Capítulo Seis:

Meditación del Dolor Crónico y Restauración

La mayoría de nosotros tiende a sufrir de un tipo u otros tipos de problemas corporales ¿Qué haces cuando sea que experimentas jaqueca, dolor de espalda o de cuello? ¿Te tomas una píldora? La mayoría de nosotros hacemos eso, ¿no? El dolor crónico parece ser bastante común en estos días y, créelo o no, la mayoría de nuestro sufrimiento está relacionado con el estrés que experimentamos. La medicación es un arreglo temporal y no es una solución a largo plazo.

Las razones más comunes de dolor crónico tienden a ser aflicción y altos niveles de estrés. Cuando liberas la presión, automáticamente también puedes reducir el dolor que experimentas. Si puedes modular el estrés que sientes, asimismo puedes modular el dolor que sientes. No puedes estar en paz si te atormentas sobre la forma en que piensas. La atención plena ayuda a deconstruir el dolor. Puedes meditar tu forma de reducir el dolor. Todo lo que necesitas hacer es seguir los pasos simples explicados en este capítulo.

Notar el dolor

Haz una nota mental de dónde experimentas el dolor. La forma en que sientes y el modo en que tu cuerpo reacciona a eso. ¿Sientes el dolor en tu cuello, retorcijones de estómago, o es una jaqueca punzante? La próxima vez que experimentes dolor, concéntrate en la región que duele.

Estar presente

Olvídate de todo lo demás y está presente en el momento. Mueve tu enfoque a tu respiración. Realiza respiraciones profundas y concéntrate en inhalar con lentitud y profundamente y exhalar. Enfócate únicamente en tu cuerpo y en nada más. Olvídate de todas tus tensiones y estrés por un minuto.

Ganar interés

Si estás experimentando el dolor por primera vez, entonces investiga el dolor. Concéntrate en lo que duele. Cuanto más consciente estás de tus sensaciones reales, menos te enfocarás en los "y si" que llevan al sufrimiento que experimentas.

Repetirlo regularmente

Puedes elegir realizar respiraciones profundas o enfocarte en tus pensamientos. Sin tener en cuenta la práctica de meditación que quieras, hazte el punto de repetirla regularmente. Necesitas condicionar tu mente de tal manera que tu cerebro forme una conexión instantánea en el modo que responde al dolor. Incluso puedes practicar meditación chakra para ganar control sobre tu cuerpo.

Capítulo Siete:

Voluntad de Practicar y Aplicar las Enseñanzas

Es una buena noticia que la gente tenga cariño a la meditación. Sin embargo, no muchos pueden incluir la meditación en sus vidas diarias. Si quieres ganar control completo sobre tu mente, entonces la meditación es la clave. No obstante, son necesarios esfuerzos constantes y consistentes para lograrlo. En este capítulo, aprenderás sobre las diferentes formas en las que puedes incluir la meditación en tu vida diaria.

Las tres principales razones para no meditar son la falta de motivación, la procrastinación, y dar por supuesto sus beneficios. Sin considerar la razón, los resultados se mantienen igual: un círculo vicioso en el que puedes querer meditar, pero no lo haces. Aquí hay un par de consejos que puedes utilizar.

Motivación diaria

La falta de motivación es una de las principales razones por las que no terminamos haciendo las cosas que queremos. Una técnica simple puede ayudarte a encontrar la necesaria motivación para meditar. Apenas te despiertes en la mañana, piensa en las cosas que quieres lograr en la vida y el tipo de persona que quieres ser. Entiende que la meditación te dará la motivación necesaria para conseguir lo que quieres. Bueno, eso debería hacerte querer meditar.

Lista de beneficios

La gente tiende a dar por sentada la meditación porque pueden olvidar los beneficios que ofrece. Cuando sea que medites, obtendrás todos los beneficios que la meditación ofrece. ¡Se tarda unos 10 a 15 minutos en meditar! Has una lista de los varios beneficios que la meditación ofrece y cuando sea que te sientas bajo en motivación, mira los beneficios que ofrece.

No poner ninguna excusa

Inventarte una razón es quizás lo más natural que puedes hacer. Sin embargo, si quieres hacer algo, entonces encontrarás la forma de hacerlo. Si genuinamente quieres practicar meditación a diario, entonces pensarán en una forma de hacerlo. Solo cuando te falta la motivación para hacer algo, empiezas a poner excusas. No estar despierto temprano por la mañana puede ser tu excusa para no meditar. Si quieres meditar, piensa en una forma en la que puedas hacerlo.

Es un estilo de vida

No pienses en la meditación como un ejercicio que debes hacer o una forma de tarea hogareña. No pienses en ella como una faena o una obligación. Al minuto que la percibes como una obligación, sentirás formas en que puedes evitarla. En vez de eso, empieza a pensar en ella como un estilo de vida. Una forma más saludable de vivir.

Meditar diariamente

Puedes crear un hábito solo si practicas algo con regularidad y consistencia. No puedes formar un patrón si meditas una o dos veces por semana. Empieza a meditar diariamente, por lo menos durante el primer par de semanas. Una vez que te acostumbres a meditar diariamente, no se sentirá como una faena y querrás meditar por tu cuenta.

Incluirlo en tu agenda

Si quieres hacer de la meditación un hábito diario, entonces deberías incluirla en tu calendario. Marca un tiempo particular para eso, y pégate al horario. No dejes que nada te impida de meditar. Después de todo, no toma más que un par de minutos.

Disminuir tus expectativas

No establezcas ninguna expectativa alta en el inicio. Necesitas meditar consistentemente para ver algunos resultados positivos. Si meditas por un día y esperas tener alguna epifanía, entonces te estás armando a ti mismo una desilusión. Hay muchos beneficios positivos que la meditación ofrece, y puedes conseguirlos por un período, no inmediatamente.

Piensa en la meditación como un viaje en lugar de un destino final. No tengas ninguna expectativa y solo disfruta la experiencia.

Conclusión

Quisiera agradecerte una vez más por comprar este libro.

Bueno, a esta altura te habrás dado cuenta de cuan simple es la meditación. Sigue los consejos simples explicados en este libro y en poquísimo tiempo puedes ver los resultados positivos. La meditación puede ayudar a mejorar tu habilidad de concentrarte, sanarte y hasta ganar un mejor entendimiento de ti mismo. Mientras practicas la meditación, asegúrate de que eres consistente y paciente. No abandones la meditación y apégate a tu horario. Puedes cambiar tu vida para mejor con esta simple práctica. Inculca la meditación en tu rutina diaria y encontrarás un cambio positivo en ti mismo.

¡Gracias y buena suerte!

Conclusión

Quisiera agradecerte haber llegado hasta el final de este libro.

Bueno, ahora ya sabes de qué se trata de qué se trata la meditación. Si aplicas los consejos simples y eficaces en este libro y con el paso del tiempo, puedes ver los resultados en ti mismo. También puedes sentir la mejoría tu bienestar de concentración, calma y de la gran salud mental, en ti en el futuro. Sin embargo, la meditación es algo de que eres consistente con esto, no podrás de una obtener la meditación y sacar a lo bueno de ello. Puedes cambiar tu vida, no mejor con esta simple práctica, incluye la meditación en tu rutina diaria y encontrarás un cambio positivo en ti mismo.

Gracias y buena suerte.